Máquinas maravillosas/Mighty Machines

Helicópteros militares/Military Helicopters

por/by Matt Doeden

Traducción/Translation: Martín Luis Guzmán Ferrer, Ph.D.
Editor Consultor/Consulting Editor: Dra. Gail Saunders-Smith

Capstone
press

Mankato, Minnesota

Pebble Plus is published by Capstone Press,
151 Good Counsel Drive, P.O. Box 669, Mankato, Minnesota 56002.
www.capstonepress.com

1 2 3 4 5 6 11 10 09 08 07 06

Library of Congress Cataloging-in-Publication Data
Doeden, Matt.
  [Military helicopters. Spanish & English]
  Helicópteros militares/de Matt Doeden=Military helicopters/by Matt Doeden.
  p. cm.—(Pebble plus. Máquinas maravillosas=Pebble plus. Mighty machines)
  Includes index.
  ISBN-13: 978-0-7368-5874-8 (hardcover)
  ISBN-10: 0-7368-5874-1 (hardcover)
  1. Military helicopters—Juvenile literature. I. Title. II. Series: Pebble plus. Máquinas maravillosas.
UG1230.D6418 2005
623.74'6047—dc22   2005019056

Summary: Simple text and photographs present military helicopters, their parts, and their crews.

Editorial Credits
Martha E. H. Rustad, editor; Jenny Marks, bilingual editor; Eida del Risco, Spanish copy editor; Molly Nei,
    set designer; Kate Opseth and Ted Willams, book designers; Jo Miller, photo researcher; Scott Thoms,
    photo editor

Photo Credits
DVIC, 8–9, 10–11; A1C J. S. Smorto, 7; TSGT Cesar Rodriguez, 1
Ted Carlson/Fotodynamics, cover, 5, 12–13, 14–15, 16–17, 19, 20–21

Note to Parents and Teachers

The Mighty Machines set supports national standards related to science, technology, and society. This book describes and illustrates military helicopters. The images support early readers in understanding the text. The repetition of words and phrases helps early readers learn new words. This book also introduces early readers to subject-specific vocabulary words, which are defined in the Glossary section. Early readers may need assistance to read some words and to use the Table of Contents, Glossary, Internet Sites, and Index sections of the book.

Table of Contents

Tabla de contenidos

What Are Military Helicopters?

Military helicopters carry

troops and supplies

to battles. Some helicopters

fight in battles.

¿Qué son los helicópteros militares?

Los helicópteros militares llevan

a los campos de battalla tropas y

abastecimientos. Algunos helicópteros

pelean en las batallas.

Parts of Military Helicopters

The main rotor sits on top of a helicopter. A rotor is a set of spinning blades.

Las partes de los helicópteros militares

El rotor principal se asienta en la parte de arriba del helicóptero. El rotor es un juego de aspas giratorias.

main rotor/rotor principal

The main rotor spins fast
to lift a helicopter
into the air.

El rotor principal gira
rápidamente para elevar
el helicóptero en el aire.

The tail rotor is at the back
of a helicopter. It helps
a helicopter turn.

El rotor trasero está en
la parte de atrás del helicóptero.
Ayuda a que el helicóptero se
dé vuelta.

tail rotor/rotor trasero

Some helicopters carry guns
and missiles for fighting.

Algunos helicópteros llevan
armas de fuego y misiles
para pelear en la guerra.

missile/misil

gun/arma de fuego

13

Some helicopters have
metal armor. The armor
protects helicopters
from bullets.

Algunos helicópteros tienen
un blindaje de metal.
El blindaje protege a
los helicópteros de las balas.

Crews

Helicopter crews work together.

Pilots fly helicopters.

Copilots help pilots.

Tripulación

La tripulación de los helicópteros trabaja en equipo. Los pilotos vuelan los helicópteros. Los copilotos ayudan a los pilotos.

Copilots or gunners shoot
guns and missiles
from helicopters.

Los copilotos o los artilleros
disparan las armas de fuego
y misiles desde los helicópteros.

Mighty Machines

Troops ride to battles

in helicopters.

Military helicopters

are mighty machines.

Máquinas maravillosas

Los helicópteros llevan

las tropas a las batallas.

Los helicópteros militares son

unas máquinas maravillosas.

Glossary

armor—a metal covering on the outside of some military helicopters; armor protects a helicopter from bullets.

blade—the long, thin part of a rotor

crew—a team of people who work together

gunner—a crew member who shoots a helicopter's guns or missiles

missile—a weapon that flies and blows up when it hits a target; copilots or gunners aim missiles at targets, such as enemy planes.

pilot—a person who flies aircraft

rotor—a set of spinning blades; the main rotor helps lift a helicopter.

supply—an item people need to do a job; helicopters carry supplies, such as food, guns, and tents, for troops.

troops—a group of soldiers

Glosario

abastecimientos—artículos que las personas necesitan para hacer un trabajo; los helicópteros llevan abastecimientos como comida, armas y tiendas de campaña para las tropas.

artillero—un miembro de la tripulación que dispara las armas de fuego o los misiles del helicóptero

aspa—la parte alargada y delgada del rotor

blindaje—una cubierta de metal que se coloca en la parte exterior de algunos helicópteros; el blindaje protege a los helicópteros de las balas.

misil—un arma que vuela y estalla cuando da en el blanco; los copilotos y los artilleros apuntan los misiles a los blancos, tales como aviones enemigos.

piloto—persona que vuela un avión

rotor—juego de aspas giratorias; el rotor principal sirve para elevar al helicóptero.

tropas—grupos de soldados

tripulación—equipo de personas que trabaja conjuntamente

Internet Sites

FactHound offers a safe, fun way to find Internet sites related to this book. All of the sites on FactHound have been researched by our staff.

Here's how:

1) Visit *www.facthound.com*

2) Type in this special code **0736836586** for age-appropriate sites. Or enter a search word related to this book for a more general search.

3) Click on the **FETCH IT** button.

FactHound will fetch the best sites for you!

Sitios de Internet

FactHound te ofrece una manera segura y divertida para encontrar sitios de Internet relacionados con este libro. Todos los sitios de FactHound han sido investigados por nuestro equipo. Es posible que los sitios no estén en español.

Así:

1) Ve a *www.facthound.com*

2) Teclea la clave especial **0736836586** para los sitios apropiados por edad. O teclea una palabra relacionada con este libro para una búsqueda más general.

3) Clic en el botón de **FETCH IT**.

¡FactHound buscará los mejores sitios para ti!

Index

Índice